Widmung

Dieses Buch ist allen Menschen gewidmet,
die sich nach der Stille, der Schönheit der Natur,
der Kreativität und dem Gesetz der Möwe Jonathan sehnen
und versuchen, dies umzusetzen.

Hedi Meierhans

Poesie
ins Leben,
gestalte mit

Impressum

© tao.de in J.Kamphausen Mediengruppe GmbH, Bielefeld

1. Auflage 2015
Autorin: Hedi Meierhans
Fotos : © Hedi Meierhans
Gestaltung: Carine Wiebe – Mediengestalterin

Printed in Germany

Verlag: tao.de, Bielefeld · www.tao.de · eMail: info@tao.de

Bibliografische Information der Deutschen Nationalbibliothek
Die Deutsche Nationalbibliothek verzeichnet diese Publikation
in der Deutschen Nationalbibliografie; detaillierte bibliografische
Daten sind im Internet über http://dnb.d-nb.de abrufbar.

ISBN Paperback 978-3-95802-793-0
ISBN Hardcover 978-3-95802-794-7
ISBN eBook 978-3-95802-795-4

Das Werk, einschließlich seiner Teile, ist urheberrechtlich geschützt.
Jede Verwertung ist ohne Zustimmung des Verlages unzulässig.
Dies gilt insbesondere für die elektronische oder sonstige Vervielfältigung,
Übersetzung, Verbreitung und sonstige Veröffentlichungen.

Vorwort

Liebe Leser/in , ich möchte Sie mit diesem Buch in die Welt der Poesie führen, in der Sie Ihre Seele baumeln lassen oder selber etwas schreiben können. Vielleicht einem Freund einen verbalen Blumengruss schicken oder ihm ein Gedicht schreiben. So können Sie Ihr ganz persönliches Buch gestalten. Die Schönheit der Natur hat etwas heilsames. Sie ist der ruhende Pol in einer immer hektischer werdenden Welt. Es ist faszinierend zu sehen wie die Erde mit ihren Seen, Meeren und Bergen sich wunderbar selbst gestaltet und von der Sonne erleuchtet wird. Wir könnten es ihr nach machen. Die aeusseren Bilder erzeugen innere Bilder, die wir verbal ausdrücken können. Gedicht reimt sich auf Licht, Sicht, Gesicht, Verzicht. Auf Grund der inneren Bilder denken, fühlen und handeln wir. Es ist daher entscheidend, mit was für aeusseren Bildern wir uns füttern, sie sind Nahrung für die Seele. Ich wünsche Ihnen viel Freude bei wärmenden, weitenden oder lustigen Bildern.

Hedi Meierhans

Bild Nr. 1: Strand bei Wenningstedt/Sylt

Sylter Strand

Der Himmel senkt sein tiefes Blau
Über die spielenden Kinderseelen
Mir ist, als wüsst ich noch genau
Wie das Glück einst floss aus vollen Kehlen

Kind und Kegel,
Hund und Vogel
Alles stiebt im warmen Sand
Leuchtend nimmt der Sommer alle an der Hand

Das Meer liegt kühl und weit
Meine Füße werden drin breit
In meinen Augen tanzt die Gischt
Urplötzlich eine Angstwelle mit mischt

Doch auf der Strandterrasse ruft das emsige Leben
Spricht mit verführerischen Düften
Holt mich aus drehenden Lüften
Lockt, mich ihnen hinzugeben.

Bild Nr. 2: Wonnemeyer bei Wenningstedt

Lieber Leser,

jetzt bist Du dran, bei ca. jedem 2. Bild ist Platz für Deine Ideen oder Erinnerungen. Wonnemeyer macht sich alle Ehre. Liebe geht noch immer durch den Magen.
Vielleicht wartet jemand darauf ein lange vergessenes Rezept von Dir auf dem Teller zu sehen? Ein guter Kuchen ist ein Gedicht.

Bild Nr. 3: Das Morsum Kliff

Der alte Herr Kliff Morsum

Der alte Herr Kliff Morsum
Liegt behaglich auf seinem Dorsum
Mit seinem dunkelroten Gesicht
Geniesst er stoisch die prächtige Aussicht

Vor Millionen Jahren hat ihn das Meer und der Fluss geboren
Von seiner farbigen Schönheit hat er nichts verloren
Vielleicht auf Grund des Pharisäers und der Friesentorte
Genossen von ihm und Konsorte

Doch hat er auch die Römer und Wikinger erlebt
Da hat die Erde sicher hie und da gebebt
Da gab es wohl nicht nur zu lachen
Sondern allerhand dunkle Sachen

Es ist zu hoffen dass er glücklich weiter gedeiht
Noch lange manchem Forscherherz Freude verleiht
Er ist das grosse Sylter Original
Ein veritables Denkmal

Bild Nr. 4: Gosch bei Wenningstedt

Leider Tempi passati, vielleicht hast Du auch Erinnerungen?
Diesen sehr langen Tisch am Strand gibt es nicht mehr. Leute,
verliebt, verlobt, verheiratet beim Apéro und Sonnenuntergang.

Schreibe darüber.

Bild Nr. 5: Möwe über Sylt

Das grosse Wort

Die Freiheit ist gross
Gefesselt an unsere Ketten
Geschmiedet aus Bewertungen
Und Definitionen
Schreit sie in uns
Während wir haschen
Nach dem Flug der Möwe
Die keine Wolken kennt
Nur Schönheit und Freude
Nach dem tief roten inneren Gesetz
Das wir aus den Augen
Verloren

Ein Gruss der Möwe Jonathan

Bild Nr. 6: Wanderdünen im Listland/Sylt

Wanderdünen

Es gibt auch Wandernieren
Vielleicht kennst Du welche?
Die sind nie zu Haus…

Schreibe ihnen von der Schönheit der Wanderdünen.

Bild Nr. 7: Chäserrugg über dem Walensee

Traumtag

Die Erde erzählt einen wundervollen Traum
Sie berührte Gottes Mantelsaum
Es muss ein Tag wie nach Eichendorff's Mondnacht sein
Er muss heute daraus erwacht sein

Gustav Mahlers Lied von der Erde klingt
Im farbigen Blumenteppich wieder
„Der trunkene im Frühling" singt
„Die Schönheit" fliesst auf die Erde nieder

Mit seinem goldenen Auge lacht der Himmel
Freut sich über der strahlenden Menschen Gewimmel
Die ihre Flügel wachsen lassen
Und trinken aus grossen blauen Tassen.

Bild Nr. 8: Chäserrugg

Ein gewisser schweizerischer Altbundesrat würde jetzt sagen:
„Freude herrscht !".

Was denkst Du? Wieder einmal auf eine Gondelbahn?
Den Ueberblick finden?

Bild Nr. 9: Lago mio am Walensee

Noch lädt er zum Bade.

Im Lago mio am Walensee kann man herrlich chillen
Da vergehen einem in Windeseile alle Grillen
Eine Abkühlung immer in Sicht
Verbrennt man sich auch nicht

Auch auf dem Teller gibt es keine Grillen
So kann man sichtlich weiter chillen
Sich an der Bläue von Himmel und See erfreuen
Und mit den andern dankbar weiterkäuen

Aus der Mitte sticht eine kahle Blume in die Luft
In grossen Intervallen ein unverkennbarer Duft
Nur eine kurze Weile noch, es muss noch sein
Bevor die Ernte kommt, mit dem Wein

Noch einmal sich in die Fluten stürzen
In des alten Sommers Schürzen
Sich wiegen lassen von warmen Wellen
Noch einmal vergessen den bunten Gesellen.

Bild Nr. 10: Die Stille am Walensee

Man kann sich in dieser Stille ausdehnen, weiten, in die Gegenwart gleiten.

Was empfindest Du?

Schreib es auf.

Bild Nr. 11: Frau Löwenzahn

Haiku

Liebe Grüsse von
Einstein. Aeh Gartenbettstein
In Sommersonnen

Tanka

Mit Handy Cam am
Allerorts herumlungern
Mit Duft und Klang Hermann H.
Lago Maggiore

Bild Nr. 12: Die Badenden

Taucht eine Erinnerung auf?

Vielleicht hast Du noch ein Foto.
Im bezaubernden Licht des Spätsommerabends

Bild Nr. 13: Die lauernde Katze

Die Katze, die Maus und der Adler

Die Katze späht zum Vorderausgang
Der Scheune hinaus und wartet
Auf einen Bissen der Gäste des Restaurants.
Wenn sie aber ein Mäuslein erwischt
Packt sie es mit ihren Pfoten, spielt mit ihm, wirft es
In die Luft und fängt es, bis sie es schliesslich verspeist
Bis auf die Gallenblase.
Wenn aber der Adler eine Maus spazieren sieht,
Packt er sie und verschluckt sie ganz,
Schwingt sich in die Lüfte empor.
Die Maus krabbelt zum Hinterausgang
Des Adlers und streckt den Kopf hinaus:
„Wie hoch fliegen wir, Adler?" „Circa 4000 Meter",
Schreit der Adler leise.
„Du Adler, mach jetzt bitte bloss keinen Scheiss".

(Der Witz vom Adler und der Maus ist mir durch
das Bild eingeflogen, ist nicht von mir).

Bild Nr. 14: Hungrige Möwen

Freude und Spiel:
Das Füttern der Möwen und Enten.
Sie kreischen und fliegen um die Wette,
ein Spiel auch für sie.

Bild Nr. 15: Kathedrale von Palma mit „Engel".

Engel

Wie war ich bass erstaunt
Als ich den Engel oben geschaut
Durch wie viele Augen fliesst er
Durch unsere Füsse bewegt er

Er braucht wirklich keinen Saum
Sein leuchtender Garten ist ein Schöpferraum
Er floss durch Mozart`s Noten
Tröstet die vermeintlich Toten

Wenn er durch deine Mitte singt
Die Melodie lautlos weiter klingt
Er schickt dir einen Hund auf dunkler Strass in der Not
Und bäckt mit dir das Brot

Er will nur ein bisschen mehr Vertrauen
Wenn du ihn frägst, wird er auf dich schauen
Seine lichten Flügel sind sturmgefeit
Es braucht nur dein: ich bin bereit.

Bild Nr. 16: Das Tor in die Ewigkeit

Es fasziniert mich, ein solches Tor zum Meer zu sehen, auch in Bali gibt es Tore ohne Tür am Meer. Eine unsichtbare Grenze vielleicht. Ein Tor zu einer andern Welt. Es klingt etwas an, das ich nicht fassen kann. Die Unendlichkeit in der materiellen Endlichkeit vielleicht.

Was kommt Dir in den Sinn?

Bild N. 17: Urlaubsnacht auf Mallorca

Urlaubsnacht auf Mallorca

Leise wie auf Katzenpfoten
Schleicht die frühe Urlaubsnacht
Spiegelt im Pool ihre Noten
Ganz für uns gemacht

Abendrot und Kerzenschein
Strömt aus unserem Blick
Der Geruch von rotem Wein
Zündet zusätzlichen Kick

Bald schon kreist er in den Adern
Spornt zum Tanz uns lachend an
Wie ein Film aus längst vergangnen Tagen
Kommt die Melodie zum tragen

Kühl tropft Wehmut nieder
Ein leicht bittrer Nachgeschmack
Unübersehbar ab mancher Lack
Und kommt so nie wieder.

Bild Nr. 18: Art Bad Ragaz: Gertjan Evenhuis, Holland: Der Kopflose.

Du sitzest hoch
Auf einem Katheder?
Kräftige Muskeln

Hälst dich an der Luft

Zu viele Briquets untergeschoben
Am ewig gleichen
Der Traum explodiert
Oder die Trauer
Die Verletzung, die Wut

Die Barriere war links im Gehirn
In den Spiegelneuronen
Als Schnee von gestern
Noch nicht bewusst
Am Ursprungsort gefühlt
Ohne sich damit zu identifizieren
Der Kopf allein kann es nie richten
Aber er richtet zu viel

Verdrängter Schmerz
Verschliesst das Herz
So sind wir jetzt beim berühmten
Herz-Schmerz angelangt
Dessen Heilung jedoch
Die ganze Welt heilen würde.

Leider lassen wir immer
Noch zu viel
Den Kopf explodieren
Oder exekutieren.

Bild Nr. 19: Art Bad Ragaz: Ernst Gross, Deutschland: Wärmeflasche

Eine schöne alte grosse Wärmeflasche.

Bei uns heisst sie Bettflasche.

Hast Du auch so eine grosse warme Bettflasche?

Bild Nr. 20: Art Bad Ragaz: Markus „Leto" Meyle, Schweiz: R.I.P. reality

Handyman

Lustig lustig tralalalala
Da chunt grad de Handyma
Dä hät es Muul, en riese Latz
Da hetet ganz viel Handys platz

Wän du dies z`vil bruche tuesch
Das ja nie vergässe muesch:
Er ziehts gwaltig a
Dänn häsch es öppä gha

Hahaha Struwwelpeter isch verbi
Da sind doch Banane dra
Oder Pommfrittlii
Aendi Saison wird dä Ma

liechterloh verbrännt
Dänn mached mir ein Tanz
Oni Firlefanz
Und niemer isch weggrännt.

Bild Nr. 21: Art Bad Ragaz, Niki De Saint Phalle: Engel

Ein so grosser Engel, so einen brauche ich sehr.

Hast Du ein Erlebnis mit einem Engel?

Bild Nr. 22: Art Bad Ragaz: Agnes Keil, Deutschland: Komm

Lockung

Das Wandern ist des Müller`s Lust
Das Korn gemahlen, das Mehl in der Luft
Voran geht`s nun mit riesen Schritten
Da braucht`s kein grosser Schlitten

Was hier lockt mit Gestik
Ist uralte Mystik
Mit dem Stethoskop zu hören
Um uns zu betören

Schau nicht zur Seite
Nicht zurück
Was bröckelt ist Vergangenheit

Mit Zehenspitzentanz
auf frühem Moos
Kommt Freude und kommt Leichtigkeit.

Bild Nr. 23: Wasserspiel in Ascona

Die Leichtigkeit des Seins, das Spielerische, Kreative.

Lebst du es? Es fällt uns nicht immer in den Schoss.

Oder wir haben es in der Vergangenheit liegen gelassen.

Bild Nr. 24: Art Bad Ragaz: Daniel Eggli, Schweiz: Bürogemeinschaft

Der Turm zu Babel

Den Turm zu Babel
Haben sie gebaut
Der Welten Nabel
Sich im PC angeschaut

Die Völkerverwirrung scheint perfekt
Unermesslich, oft destruktiv die Bits
Breiten sich aus wie ein Infekt
Leider auch bei den Kids

Doch die Anziehungskraft der Erde
Wird sie wieder runter holen
Der Phönix wird verbinden

Weite Distanz im Nu überwinden
Nevermore nicht vergessen
Und morgen Spargel essen

Bild Nr. 25: Art Bad Ragaz: Karl-Henning Seemann, Deutschland: Die Schwätzer

Hörst Du die Story? Es ist immer die gleiche,
mal in einem Frack, mal mit einem Sack…
Schreib sie auf.

Bild Nr. 26: Herbst am Walensee

Herbst

Nicht bevor meine Augen
den Baum befühlten,
das matte, verwehende Gelb,
das nasskalte lodernde Blühen.

Nicht bevor sein Weihrauch flüchtig
meine Geruchsnerven schwängerte.

liess er mich vorbei,
liess er mich zurück.

Und als ich gegangen war,
fühlte ich meine Flügel wachsen,
einen Blattfall lang.

Bild Nr. 27: Nebel über dem Walensee

Im Nebel haben wir vergessen, dass es eine Sonne gibt.
Wenn wir höher steigen, entdecken wir unser wahres Ich.

Wie ist das für Dich?

Bild Nr. 28: Oktobertag am Walensee

Oktobertag

Leise kriecht der glitzernde Nebel
Die mattschimmernde Esche ein Segel
Richtung ins andere Land
Wo alles ohne Pfand

Menschen schreiten, Langsamkeit
Blätter flüstern Zärtlichkeit
Zerbrechlich und pastell duftet die Natur
Rollt in ewig gleicher Spur

Im grossen Atem eingehüllt
Das kristallene Glas gefüllt
Still gehören wir zum Ganzen
Im kleinen Blättertanzen.

Bild Nr. 29: Weesen, Herbsteinsamkeit

Herbsteinsamkeit

Auf dem Weg zum See
Da steh ich still wie der Platz
Auf dem ich steh
Nicht eine einsame Katz

Auf den Kopf tanzt mir ein Blatt
Ich schreite matt
Mir ist, ich gehe durch mich selbst
Ich bin der Herbst

Dieses wundervolle Licht
Durchdringt die vermeintliche Leere
Verändert meine Sicht
Verwandlung ist, nicht Leere.

Bild Nr. 30: An des Zürichsees Gestaden

Spätsommer

Sitzen über dem Alltag, sausergeladen
An den Zürichseegestaden
Die Augen blitzen in den Spätsommerhimmel
Auf dem See ein Entenvögelgewimmel

So herrlich riecht`s nach Herbstrauch
Der Pfeffer im Bauch
Vivaldi passt die Jahreszeit ins Ohr
Der Knabe im Moor...

Die Schiffshörner tuten
Die Turnachkinder sputen
Die Kindheit vorbei in Bildern,
Tönen und Fluten.

Bild Nr. 31: Der Zauberwald

Futsch der volle Badesommer
Wehmut klagt
Wermut tropft
Leere gähnt
Einsamkeit

Und doch fasziniert's. Was meinst Du?

Den Eingang in den Zauberwald habe ich gefunden.
Ich weiss nicht was mich dort erwartet. Vielleicht weisst Du es?
Parzival oder Rumpelstilzchen?

Bild Nr. 32: Winter in Amden

Schneewandern

Mit den Schneeschuhen über einen
Glitzernden Schneeteppich tappen
Die Lilien im Wappen
Diamant-silbern die Sonne vor Augen
Das hindert die Seele am auslaugen

Friede und Stille aus grossen blauen Kannen
Bei den stoisch dastehenden Tannen
Im weissen Sternenkleid
Und dem Pinus-Parfum auf der Weid

Wir schreiben unsere Namen
Mit unseren Yeti-Spuren
Als unsere Samen
Die in den Schneeteppich fuhren

Stiller Friede hüllt uns ein
Weg ist jede Pein
An der Schönheit trinken wir uns satt
Bis die schnöde Welt uns wieder hat.

Bild Nr. 33: Schabell, Glarus-Süd

Eingeschneit, hast Du da ein Erlebnis?

Bild Nr. 34: Weihnachten

Magnificat

Es trieft vor Schnee, die Tannen
haben sich in Eisbärtatzenbäume verwandelt.
Häuser, Zäune, Strassen Bäume,
alles liegt verträumt im dicken, weissen Winterpelz.
Aus kleinen erleuchteten Eishöhlen verbreiten die
Christbaumkerzen ein zauberhaft mildes, sanftes
Licht durch die stille, weisse
Winternacht. Es riecht nach Kuchen, Zimt
und Holzfeuer in der Nähe der Häuser
Ausser einer alten Frau mit leise klingendem
Stock und Hund ist niemand unterwegs.
Jetzt wagt sich ein hungriger Feldhase
in Menschennähe. Es fehlt nur noch
der Fuchs und der Zwerg.
Nur in einer solchen Nacht kann es geschehen sein.
Sie gebiert durch ihre unaussprechliche
Schönheit, Reinheit und Weiblichkeit
Die Ahnung für das unfassbare Göttliche.
Magnificat anima mea…

Bild Nr. 35: Schnee und Eis auf dem Tanzboden

Das ist etwas für Eisbären,
mit Frostbärten
die gerne Tanzen.
Kennst Du so einen?

Bild Nr. 36: Die ersten Tulpen

Das Kraft-Wunder des Frühlings

Das erste Gelb, das erste Rot
Machen den Winter tot
Sie sind des Lebens lichte Boten
Und des Frühlings neue Noten

Triumphierend stehen sie im Garten
Der musste lange warten
Sie machen es uns vor
Ich fror

Sie schmelzen um sich den Schnee
Nichts von Ach und Weh
Woher haben sie diese Kraft
In ihrem winzig kleinen Saft?

Bild Nr. 37: Frühling in Rapperswil

Wie herrlich ist es zu wandern
Im ersten Frühlingsblau
Das kennt jeder auf seine Weise
ganz genau.

Rapperswil lädt ein!

Bild Nr. 38: Mein Lenz

Mein Lenz

Hier ist der Kater Moritz zu Haus
Ihm entwischte gerade eine Maus
Die Untermieterin der Katz
Verweilt bei einem Schwatz

Mit heller Freude und Lust
Streichelt der Atem durch die Brust
Das blaue Band, das gelbe Band
Gehören immer zum Gewand

Der Löwenzahn lacht der Sonne
Seinem Urbild entgegen
Da knallt das Leben
Blüten- und Kuchendüfte per le donne.

Auch der Kirschbaum ist schon wach
Unten rauschet leis der Bach
Vögel singen sich lauthals ein
So paradiesisch kann nur der Frühling sein.

Bild Nr. 39: Das tränende Herz

Das tränende Herz

Dass es diese Blume gibt!
Keine andere gibt's zum Abschied
Sie lacht und weint
Ist rot und weiss
Fliegt und hängt

Freude und Trauer sind eins
Welche Schönheit

Das wäre das Ziel:
Jedes Gefühl eine Erfahrung
Jenseits von Gut und Bös
Alles akzeptiert
Alles gehört zum Leben.

Über die Autorin

HEDI MEIERHANS wurde 1944 in Uster (ZH) geboren, studierte Medizin an der Universität Zürich und arbeitet noch teilweise als Fachärztin für Psychiatrie und Psychotherapie. War 10 Jahre lang Präsidentin der Spitex Schänis. Sie lebt auf dem Solenberg, malte, schreibt Lyrik, Fachliteratur und betreibt Kunsthandwerk.
Im Dreieck des Falters, 1994, Verlag Röschnar Klagenfurt
Nur noch in der Buchhandlung zum Licht in Zürich erhältlich

Hinter den Kulissen der Welt, ewige Ruhe?
Tao.de in Kamphausen, Bielefeld 2014
(Eine Analyse von Nahtoderfahrungen und Jenseitsberichten)

Poesie ins Leben, gestalte mit.
Tao.de in Kamphausen, Bielefeld 2015

Inhalt

Vorwort 5
Bild 1: Strand bei Wenningstedt 6
Sylter Strand 7
Bild 2: Wonnemeyer bei Wenningstedt 8
Bild 3: Das Morsum Kliff 10
Der alte Herr Kliff Morsum 11
Bild 4: Gosch bei Wenningstedt 12
Bild 5: Möwen über Sylt 14
Das grosse Wort 15
Bild 6: Wanderdünen im Listland/Sylt 16
Bild 7: Chäserrugg 18
Traumtag 19
Bild 8: Chäserrugg 20
Bild 9: Lago mio 22
Noch lädt er zum Bade 23
Bild 10: Stille am Walensee 24
Bild 11: Frau Löwenzahn 26
Haiku, Tanka 27
Bild 12: Die Badenden 28
Bild 13: Die lauernde Katze 30
Die Katze, die Maus und der Adler 31
Bild 14: Hungrige Möwen 32
Bild 15: Kathedrale von Palma 34
Engel 35
Bild 16: Das Tor zur Ewigkeit 36
Bild 17: Urlaubsnacht auf Mallorca 38
Urlaubsnacht 39
Bild 18: G. Evenhuis: Der Kopflose 40
Der Kopflose 41
Bild 19: Ernst Gross: Wärmeflasche 42
Bild 20: Leto Meyle: R.I.P. 44
Handyman 45
Bild 21: Niki de Saint Phalle: Engel 46

Bild 22: Agnes Keil: Komm	48
Lockung	49
Bild 23: Wasserspiel	50
Bild 24: Daniel Eggli: Bürogemeinschaft	52
Der Turm zu Babel	53
Bild 25: Karl-Henning Seemann: die Schwätzer	54
Bild 26: Herbst am Walensee	56
Herbst	57
Bild 27: Nebel über dem Walensee	58
Bild 28: Oktobertag am Walensee	60
Oktobertag	61
Bild 29: Weesen	62
Herbsteinsamkeit	63
Bild 30: An des Zürichsees Gestade	64
Spätsommer	65
Bild 31: Zauberwald	66
Bild 32: Winter in Amden	68
Schneewandern	69
Bild 33: Schabell, Glarus-Süd	70
Bild 34: Weihnachten	72
Magnifikat	73
Bild 35: Tanzboden	74
Bild 36: Die ersten Tulpen	76
Kraft-Wunder des Frühlings	77
Bild 37: Frühling in Rapperswil	78
Bild 38: Mein Lenz	80
Mein Lenz	81
Bild 39: Das tränende Herz	82
Das tränende Herz	83
Ueber die Autorin	84
Inhalt	86
Danksagung	88

Danksagung

Herzlichen Dank für die Realisierung des Buches
an Kirstin Dreimann vom tao.de
und der Grafikerin Carine Wiebe.

Liebe Grüsse H. Meierhans